CALAIS

SOUS LA

DOMINATION ANGLAISE

1347 — 1558

PAR

JEAN LULVÈS

RODIN.   LES BOURGEOIS DE CALAIS.

CALAIS

SOUS LA

DOMINATION ANGLAISE

1347 — 1558

PAR

JEAN LULVÈS

1918

TABLE DES MATIÈRES.

NOTE.

—

Calais a été occupé par les Anglais au commencement de la guerre actuelle. Ils ont peu à peu renforcé les fortifications de la ville *du côté de la terre*, transformé les forts, dont l'accès serait interdit aux indigènes, remplacé le matériel d'artillerie français par des canons anglais, ce qui a provoqué la stupeur de leurs alliés français. On connaît en outre le mot de lord Balfour à Churchill: «Tant que nous occupons Calais, nous pouvons nous consoler de la perte d'Anvers.» De fait, Calais est passé, dit-on, presque complètement sous la domination anglaise. L'inquiétude causée en France par tous ces agissements a eu son écho le 21 mars 1916 dans une interpellation du député de Calais à la Chambre.

I. LA CONQUÊTE DE CALAIS
PAR EDOUARD III D'ANGLETERRE.

Calais, un des ports principaux de la côte septentrionale de France, séparé seulement de l'Angleterre par le canal fort étroit de la Manche,[1] doit son importance historique à la guerre de « Cent ans », commencée par le roi Edouard III (1327—1377) pour revendiquer la couronne de France comme petit-fils de Philippe le Bel. Après la mort du roi Charles IV (1328), Edouard III s'allia dans ce but avec les comtes d'Artois, de Hainaut, de Gueldre, de Juliers, avec le duc de Brabant, avec les villes de Flandre, finalement avec son beau-frère, l'empereur d'Allemagne, Louis de Bavière. Comme signe de ses revendications, il prit le titre et les armes du roi de France, conservés malgré la France par ses successeurs jusqu'au commencement du dix-neuvième siècle. Le roi d'Angleterre ne se laissa arrêter dans ses prétentions, ni par l'obstacle de la loi salique, ni par le serment de fidélité et d'hommage qu'il avait prêté à son cousin Philippe VI de Valois, en sa qualité de roi de France et de suzerain du duché de Guyenne, alors fief français.

Les hostilités avaient commencé en 1337, mais la grande bataille décisive n'eut lieu, à Crécy, que le 26 août 1346. Edouard III y remporta une brillante victoire, mémorable à maints égards. Il pensa alors à fortifier et à affermir ses conquêtes. Ses alliés les plus sûrs avaient été les villes de Flandre, acheteuses principales des laines anglaises. La route conduisant vers elles passait par Calais. Calais servait en outre de repaire aux pirates qui dévastaient la côte méridionale d'Angleterre, mais Calais, c'était aussi une porte ouverte sur la France.

Edouard se mit donc systématiquement à l'œuvre en vue de s'emparer de cette place. A la fin du mois d'août 1346, l'armée anglaise faisait son apparition devant la ville sans méfiance. Le roi d'Angleterre adressa au gouverneur de Calais, Jean de Vienne, vigoureux chevalier bourguignon, la sommation impérieuse de lui remettre la place, à défaut de quoi la garnison et les habitants seraient passés au fil de l'épée.

Jean de Vienne n'avait qu'une réponse à faire à pareille injonction: *il ne connaissait pas d'autre maître de la place que celui qui la lui avait confiée, et il était résolu de vivre et mourir à son service.*[2] Edouard III tenta alors un assaut contre la ville du côté des

---

[1] Appelé par les Anglais *English Channel;* 42 kilomètres de largeur.
[2] *Charles Demotier,* Annales de Calais (Calais 1856), pag. 41.

dunes. L'attaque fut brillamment repoussée. Le roi d'Angleterre dut recourir alors à un autre moyen, moins chevaleresque à la vérité, celui de réduire la ville par la famine, si longtemps que la résistance pût d'ailleurs durer. *« Il ne s'en partirait par hiver ni par été, si l'aurait à sa volonté comme forte qu'elle fût »*[1]. Tous les préparatifs furent faits en vue d'un long siège. Le roi fit établir devant Calais pour son armée un camp de baraques en bois, formant une véritable ville. Sa distribution, l'organisation du ravitaillement, l'habillement et l'équipement des troupes anglaises excitèrent en France la curiosité et même l'admiration. Il y avait marché le mercredi et le samedi, et la nouvelle cité fut appelée Villeneuve-la-Hardie. Ainsi Edouard III pouvait se maintenir et attendre, tout en ménageant ses troupes et ses munitions. Il établit par mer un blocus rigoureux avec une flotte formée de la majeure partie des 737 navires qu'il avait fait recenser sur les côtes anglaises.

Jean de Vienne savait quel sort l'attendait finalement lui et les habitants de la ville. Il publia une ordonnance enjoignant à tous les pauvres gens de quitter la ville sans délai. Un mercredi matin, la porte de Calais conduisant vers le camp anglais s'ouvrit toute grande, et 1700 personnes, femmes et enfants pour la plupart traversèrent silencieusement le camp ennemi, *« toutes en blanches chemises, et portant gonfanons de monastères en signe d'humilité »*.[2] Cet étrange et triste cortège excita l'étonnement d'Edouard III, qui demanda pourquoi ils sortaient. Ils répondirent *« qu'ils n'avaient de quoi vivre »*. Le roi, saisi d'un mouvement de pitié, leur fit donner à manger et les laissa passer.[3] Si grande que fût la vaillance des assiégés, si nombreuses que fussent les sorties tentées de Calais même, les attaques contre les Anglais et leur roi exécutées des forteresses des Marches, des comtés de Guines, d'Artois, de Boulogne, et celles entreprises sur mer par des Normands, des Génois et autres marins au service de la France, le sort de Calais était irrévocablement scellé. Sous la pression de l'impitoyable blocus établi par les assiégeants, les habitants avaient tout mangé, jusqu'aux chiens, aux chats et aux chevaux, pour apaiser leur faim.[4] Dans son appel désespéré à Philippe VI, Jean de Vienne, héroïque et fidèle à son roi, s'exprimait ainsi *«...Il n'y a rien qui ne soit tout mangé, et les chiens et les*

---

[1] *A. Covile* dans *Ernest Lavisse*, Histoire de France, IV¹ 64.

[2] *Lachauvelaye*, Guerres I, 228.

[3] Suivant d'autres, les infortunés Calaisiens, arrêtés par l'ennemi repoussés de la ville, périrent sous les murailles de froid et de faim. *(Aristide Guilbert*, Histoire des villes de France, Paris 1845, T. II, p. 115.)

[4] On y mangeait *« toutes ordures par droite famine. »* (*A. Coville-Lavisse*, IV¹ 66.)

chats et les chevaux... nous issirons hors de la ville tous à champs...
car nous avons mieux mourir aux champs honorablement que manger
l'un l'autre...» [1]) Cet appel se terminait par une demande de prompte
assistance pour délivrer la place.

Le roi Philippe VI de France, dans cette extrémité pressante,
essaya de se porter avec une armée au secours de ses sujets me-
nacés. Après des préparatifs d'une incroyable lenteur, il s'en vint
d'Arras vers la fin de juillet pour camper sur la hauteur de Sangatte, entre Calais et Vissant. Il s'établit là pour trouver un chemin
vers Calais et un moyen d'attaquer les Anglais. Mais ceux-ci avaient
eu le temps de se retrancher si habilement qu'il ne resta plus d'autre
voie aux Français que les marais absolument infranchissables. En
outre, une forte armée accourait des Flandres pour soutenir les Anglais.
Edouard III, sommé d'accepter la bataille à un endroit convenable
refusa en prétextant les grandes dépenses et les frais — très sensibles
en raison de ses dettes constantes [2]) — que lui occasionnait son
séjour devant la place depuis un an. Il était sûr d'ailleurs de s'emparer bientôt de Calais.

Philippe VI n'osa pas attaquer les Anglais dans leur position en
quelque sorte inexpugnable, pour ne pas s'exposer à un terrible
désastre comme à Crécy.

Des négociations entreprises d'Avignon par le pape Clément VI
échouèrent, parce que l'Anglais exigeait avant toute autre chose la
reddition de Calais; le seul résultat de l'entremise pontificale fut de
permettre au roi Edouard de se fortifier encore d'avantage. Philippe VI,
découragé, renonça à continuer la campagne; le 2 août 1347, il se
retira sur Amiens et y licencia son armée. Les vaillants Calaisiens
étaient abandonnés à leur sort. La famine croissante les obligea à
implorer la grâce de l'impitoyable ennemi installé devant leur portes.
A la demande pour la garnison et pour le peuple de Calais de sortir
de la ville avec tout ce qui s'y trouvait, le roi d'Angleterre fit d'abord
répondre par l'exigence d'une capitulation sans conditions. Sur les
représentations courageuses d'un de ses fidèles, Gautier de Masny [3]),
Edouard III modifia ses prétentions. Il se contenta d'exiger que *« six*
des bourgeois les plus notables de Calais, nus pieds et nus chefs, en
leurs linges draps tant seulement, les harts au col, viennent ici et ap-

---

[1]) *Coville-Lavisse,* IV¹ 66.

[2]) L'impossibilité où se trouvait Edouard III de payer ses dettes à
l'échéance amena une terrible débâcle, dont les suites se firent sentir encore
longtemps après, pour plusieurs maisons de banque de Florence (Bardi,
Perruzzi, etc.). En 1358, la Signoria florentine supplia le royal débiteur de
ne pas abandonner les enfants de ses créanciers à une misère complète.
(S. L. Peruzzi, Storia del commercio.)

[3]) On trouve également Mauny, et aussi Manny.

portent les clés de la ville et du château en leurs mains, et de ceux, dit-il, je ferai ma volonté. Et le demeurant des hommes de la ville je prendrai à merci. »[1]

Jean de Vienne vint rapporter ces dures conditions au peuple réuni; tous se mirent à crier et à pleurer, jusqu'au moment où, d'après la chronique de *Jean Froissard*, le plus riche bourgeois de la ville, Eustache de St-Pierre,[2] se déclara prêt à donner sa vie pour le salut de ses concitoyens. Pendant que *«plusieurs hommes et femmes se jettoient à ses piés tenrement plorant»*[3], d'autres bourgeois de la ville suivirent son exemple.

Les six bourgeois,[4] dans la tenue exigée, furent confiés à Gautier de Masny, qui les accompagna sous sa sauvegarde depuis la porte de la ville jusqu'au camp anglais.

Edouard III, entouré de ses chevaliers et de toute sa cour, attendait les victimes de sa haine et de sa vengeance, qui allaient expier les désagréments et les peines des onze mois du siège et payer pour l'attitude énergique des habitants fidèles à leur roi et à leur pays. La scène dramatique qui se déroula alors est une des plus célèbres dans l'histoire du moyen âge; d'émouvants récits, de saisissantes peintures et sculptures l'ont immortalisée à jamais.

Les bourgeois choisis, au nombre desquels, contrairement au récit de Froissard, se seraient trouvés également le gouverneur Jean de Vienne et le fameux Arnoul d'Audrehem avec d'autres chevaliers d'Artois et de Picardie,[5] implorèrent la pitié d'Edouard, firent appel à sa générosité royale. Tous les assistants pleuraient de compassion. Quant au roi, il se tenait *« tout coi »*, car il avait *« le cœur si dur et si enfelonné de grande corroux qu'il ne put parler »*.[6] Il ordonna l'exécution immédiate des otages. Alors Gautier de Masny, élevant de nouveau la voix, voulut mettre son maître en garde contre une cruauté sans pareille, uniquement capable de ternir sa réputation. Ce fut en vain. Le roi, aveuglé par son désir de vengeance, renouvela

---

[1] *A. Coville-Lavisse*, IV¹ 67.

[2] Le dévouement d'Eustache de Saint-Pierre, célébré par Froissard est regardé comme beaucoup moins désintéressé par la critique historique, en raison de son entrée au service du conquérant, qui eut lieu peu après, et dont il recevait et acceptait une pension dès le 8 octobre 1347; il fut plus tard désavoué par ses enfants qui renièrent son héritage et abandonnèrent le toit paternel en 1351. (*Terrier de Loray, Jean de Vienne*, Paris 1878, p. 15.)

[3] Chronique de *Froissard*. La scène de la sortie des bourgeois de Calais est représentée dans le célèbre Groupe de Rodin dont nous donnons une reproduction photographique.

[4] D'après *Gilles le Muisis*, Chronique de Flandre, ils étaient en réalité 22.

[5] *Emile Molinier*, Mémoires de l'Académie des Inscriptions et Belles-Lettres (Paris 1883) VI, p. 12.

[6] *A. Coville-Lavisse*, IV¹ 68.

son ordre barbare en faisant mander le bourreau. Même les supplications de son fils, héritier de la couronne, demeurèrent sans effet.

En ce moment de désolation générale, la reine, Philippe, fille du comte Guillaume de Hainaut, tenta un suprême effort. Bien que *« durement enceinte »*, elle vint se jeter aux pieds d'Edouard et le supplia en pleurant de lui accorder la vie des six bourgeois: *« Depuis que je repassay la mer en grand péril, je ne vous ai rien requis ni don demandé. Vous veuillez avoir de ces six hommes merci. »* [1]

Ces paroles émurent enfin le cœur du roi qui répondit: *« Ha, dame, j'aimerais mieux que vous fussiez autre part qu'ici. Vous me priez si ardemment que je n'ose vous refuser; et bien que je le fasse malgré moi, tenez, je vous les donne; faites-en ce que vous voudrez. »* La bonne dame répondit: *« Monseigneur, grand merci »*. Alors elle emmena les six bourgeois avec elle dans sa chambre, les revêtit, leur donna à dîner à leur aise; puis elle distribua 6 nobles à chacun d'eux, et les fit conduire hors de l'armée en toute sûreté. [2] Edouard III était maintenant maître de Calais; le siège de cette vaillante cité avait duré onze mois (du 3 septembre 1346 au 4 août 1347). [3]

Le roi d'Angleterre venait de remporter incontestablement le plus grand et le plus important succès de son règne; c'était en effet le plus éclatant triomphe de la politique anglaise pour une durée de plusieurs siècles.

Il s'agissait là d'une conquête *durable*, d'une base d'opérations permanente pour la soumission du reste de la France; Calais devait demeurer pour toujours partie intégrante de l'Empire britannique. Le vainqueur prit ses mesures en conséquence. Ce fut, après la livraison des armes, l'exode de toute une population. Jean de Vienne, Arnoul d'Audrehem, d'autres chevaliers et écuyers, ainsi que de nombreux bourgeois furent envoyés prisonniers en Angleterre, dans l'espoir d'une rançon aussi forte que possible. [4]

Edouard III fit son entrée dans la ville déserte *« à grand' foison de menestrandies »*. Il donna au château de splendides fêtes à ses chevaliers et aux bourgeois de Flandre. [5] C'était là une cruelle insulte aux souffrances endurées par les héroïques défenseurs de Calais. Le vainqueur distribua les plus beaux hôtels de la ville à ses chevaliers, parmi lesquels Gautier de Masny. Le port fut dégagé; enfin des bourgeois furent amenés des principales villes d'Angleterre pour peupler la cité arrachée à la France. *« Quelque cruelle que*

---

[1] *A. Coville-Lavisse*, IV¹ 68.
[2] *Lachauvelaye*, Guerres I, p. 241.
[3] *Le Cabinet historique*, XXIV (Paris 1878), p. 278.
[4] *Emile Molinier*, Mémoires de l'Académie (Paris 1883), 2ᵉ série VI, p. 15.
[5] *A. Coville-Lavisse*, IV¹ 69.

puisse paraître la mesure qui fut prise par Edouard III, elle était cependant nécessaire, et s'il n'avait agi ainsi, nul doute que la ville ne fût bientôt retombée au pouvoir de Philippe VI. Jamais les patriotiques bourgeois de Calais ne seraient devenus Anglais! Ils avaient donné trop de preuves de leur attachement à la couronne de France pour que le roi d'Angleterre pût exiger d'eux un serment qui eût été rompu aussitôt que prêté.»[1]

Les habitants, confiants dans les dires de Gautier de Masny, s'étaient figuré leur destin moins rigoureux. Philippe VI tint à honneur d'assurer le sort des infortunés bourgeois de Calais. Un édit royal daté d'Anvers le 10 août 1347 leur octroyait le droit d'habiter en France là où bon leur semblerait, d'y exercer tel métier à leur guise, avec exemption de péage et d'impôt. Un mois plus tard, le 8 septembre, le roi de France ordonnait que *«toutes les forfaitures et bien, meubles et héritages, que nous aveuront et escherront en nostre royaume pour quelque cause que ce soit, soient mis et tenus en notre main»*[2], pour être répartis entre ces malheureux. Enfin que *«dorénavant, tous les offices qui escherront ou appartenans à donner par nous et le duc de Normandie et en la terre du duc d'Orléans, lesquelles offices lesdiz bourgeois et habitants (jadiz bourgeois de Calais) vouldront accepter et avoir, leur soient bailleez, donneez et delivreez.»*[3]

---

[1] *Emile Molinier*, Documents relatifs aux Calaisiens expulsés par Edouard III *(Le Cabinet historique*, XXIV[1], Paris 1878, p. 254).

[2] *Demotier*, Annales, 50.

[3] *Emile Molinier*, Le Cabinet historique, XXIV[1], 258.

II. EFFORTS DES FRANÇAIS POUR RECONQUÉRIR CALAIS.

La ville de Calais, devenue « *Calis* », ne tarda pas à déchoir de son importance commerciale par suite de l'émigration en France des riches marchands qui l'habitaient. La perte de cette place importante était vivement ressentie par les Français, pour qui elle constituait une des clés de la France. On était en droit de se demander si le pays tout entier ne subirait pas un jour le sort de Calais.[1]

Edouard III manifestait déjà ses intentions de conquête en prenant le titre de roi de France. Dès 1349, une tentative fut fait pour reprendre la ville. Le gouverneur de St-Omer, *Geoffroi de Charny*, par la promesse de 20 000 ducats au commandants en chef des galères anglaises stationnées dans le port de Calais, Amerigo de Pavie, incita celui-ci à la trahison. Mais le roi d'Angleterre eut vent du complot. Il fit mander à Londres l'Italien sans méfiance et lui dit d'abord: *« Je t'ai donné en garde la chose que j'aime le plus au monde après ma femme et mes enfants : le château et la ville de Calais. »*[2] Puis il lui dévoila la connaissance qu'il avait de ses projets, en lui promettant le pardon à condition qu'il se résolût à jouer double jeu. L'Italien acquiesça. Il arriva ainsi que les Français introduits nuitamment dans le château de Calais se trouvèrent tout à coup en présence de forces anglaises supérieures, auxquelles ils durent céder.

Calais devint la place d'armes principale des Anglais pour leurs campagnes ultérieures contre la France (années 1355, 1359, 1372-73, 1380, 1390, 1475, etc.). « La garnison anglaise était un fléau pour les populations des environs: elle inquiétait le pays par des courses fréquentes et le ravageait impitoyablement. »[3]

Le traité de Brétigny (8 mai 1360) assura définitivement à l'Angleterre la possession de la ville et de ses alentours; cette possession fut confirmée le 24 octobre de la même année à l'occasion d'une entrevue d'Edouard avec Jean le Bon, roi de France depuis 1350. Celui-ci dut payer pour sa présence à Calais une indemnité de séjour,[4]

---

[1] *Emile Molinier,* Le Cabinet historique, XXIV, Paris 1878, p. 254.

[2] *Lachauvelaye,* Guerres, I, 243.

[3] *Aristide Guilbert,* Histoire des villes de France (Paris 1845). T. II, p. 119.

[4] Plus une grosse indemnité de 10 000 écus pour chaque mois de séjour en sus. *(R. Delachenal, Histoire de Charles V,* Paris 1909, t. II, p. 228.) On trouve dans le même ouvrage (t. II, p. 224) des détails sur la méfiance outrageante témoignée par Edouard III lors de la prestation du serment à la conclusion des traités *« alors que souvent déjà on avait reçu des Anglais des assurances trompeuses »* (p. 67).

et rien ne sembla plus naturel, du moins aux yeux des conquérants anglais. De même que les habitants de la Rochelle, on disait également ment dans les autres régions annexées à la couronne britannique: *« Nous avouerons les Englès des lèvres, mais li cœurs ne s'en mou- vera jà »*.[1]) Une autre dicton s'exprimait en termes plus énergiques encore, et les bourgeois y déclaraient *« qu'ils avaient plus cher à être taillés tous les ans de la moitié de leur chevance, qu'ils fussent à mains des Anglais. »*[2])

Malgré les traités de Brétigny et de Calais, les Français renouvelèrent leurs efforts pour rentrer en possession de la ville si honteusement perdue, soit par des efforts pacifiques, soit par de hardis coups de main. Mais ce fut chaque fois sans succès.

Un peu avant la mort d'Edouard III (1377), le roi de France Charles V lui fit offrir 400 villes ou châteaux et 300 forteresses dans la Guyenne, ou bien à son choix, tout le Quercy et le Montauban en échange des seules villes de Calais et de Guînes. Cette offre essuya un refus méprisant. Des tentatives pour reprendre Calais, entreprises du côté de la terre et du côté de la mer en 1377, en particulier par l'amiral Jean de Vienne, neveu du vaillant défenseur de Calais, et par Philippe le Hardi, duc de Bourgogne, ne reçurent qu'un semblant d'exécution.

La réunion politique de Calais à l'Angleterre, consommée sous Edouard III, fut suivie sous le règne de Richard II, son successeur, de la réunion ecclésiastique (1379). Le pape Urbain VI rattacha Calais à l'archevêché de Cantorbéry, ainsi que le territoire de Picardie devenu anglais et qui faisait jusque là partie de l'évêché de Térouanne. Dans les années 1348, 1363 et 1376, afin de détourner de la France les intérêts des habitants de Calais et de les attacher à l'Angleterre, Edouard III, qui avait déjà érigé dans la ville un hôtel des Monnaies, y transféra, provisoirement d'abord, puis définitivement, le siège de l'« étape » pour le marché anglais des laines, établi jusqu'alors à Middelbourg (Zélande).[3])

Dès 1382, on projeta de rendre aux Flandres leur ancien privilège, afin de gagner à l'alliance anglaise leurs habitants alors en révolte, avec *Philippe Artevelde* à leur tête. Mais ce projet ne fut pas mis à exécution.[4]) Les communes flamandes, laissées complètement

---

[1]) *G. Guibal*, Histoire du sentiment national en France (Paris 1875), p. 98. — *A. Coville-Lavisse*, IV¹, p. 155.

[2]) *A. Coville-Lavisse*, IV¹, 286.

[3]) *Henry Wallon*, Richard II, Episode de la rivalité de la France et de l'Angleterre, t. I, (Paris 1864), p. 416 et suivantes, 423.

[4]) Quelques années plus tard (1399), Michel de la Pole retransféra l'étape pour le marché des laines de Calais en Angleterre, puis de nouveau à Middelbourg à cause des Flamands, et de là encore une fois à Calais,

«n détresse par les Anglais, essuyèrent de la part des Français une défaite totale à la bataille de Rosebecque, et préférèrent s'entendre avec le duc de Bourgogne, Philippe le Hardi, en raison de leur expérience de l'alliance anglaise: «*Quant à l'alliance anglaise, la preuve était faite qu'il n'y avait pas à compter sur elle; les Anglais arrivaient toujours trop tard et repartaient trop tôt.*» [1])

L'aversion et le mécontentement de la chevalerie française contre la prépondérance anglaise se manifestèrent sous différentes formes. Sous l'égide du roi Charles VI, trois des plus valeureux chevaliers français, Jean le Meingre, frère du maréchal de Boucicault, Regnault de Roye et le sire de Saint-Py, provoquèrent ce que l'Angleterre avait de plus courageux et de plus adroit aux armes à une série de tournois de trente jours à St-Inglevert, aux environs de Calais (1390). Un grand nombre des chevaliers anglais se rassemblèrent alors à Calais. Le frère du roi d'Angleterre, Jean de Hollande, se distingua particulièrement dans ces luttes; mais les Français surent toutefois maintenir constamment leur réputation de haute valeur. Au bout des cinq premiers jours, tous les Anglais retournèrent chez eux. Les chevaliers français restèrent encore sous leurs tentes jusqu'à ce que les trente jours fussent écoulés, attendant en vain l'arrivée de nouveaux champions d'outre-mer.

La cause principale de l'animosité des Français éclata plus directement et plus ouvertement encore lors des pourparlers de paix, si riches en péripéties variées, qui furent entamés les années suivantes, à Amiens (1392) par exemple. Les Français consentaient bien à ce que les Anglais occupassent l'Aquitaine et d'autres parties de la France. Mais Calais! Ils demandaient, sinon qu'on leur rendît, «*au moins qu'on détruisît Calais, de telle sorte que nul n'y pût habiter par la suite*».[2])

Les Anglais ne pouvaient traiter sur ces bases. «Car vous devez savoir, dit *Froissard*, que Calais est la ville au monde que la communauté d'Angleterre aime le mieux: *car tant comme ils seront seigneurs de Calais, ils disent ainsi qu'ils portent les clefs du royaume de France à leur ceinture.*»

Le duc de Lancastre se refusa à toute négociation au sujet de Calais, en déclarant qu'il ne parlerait même point de la clause relative à cette ville, car, dit-il, «*si nous en parlions, nous serions en*

---

comme l'exigeaient les intérêts des négociants anglais. Calais conserva toutefois son privilège pour les grosses marchandises de laine, de plomb et d'étain, privilège qui fut confirmé en 1399 par le roi Henri IV.

[1]) *Lavisse*, Histoire de France (Paris 1902), IV¹, p. 286. — *H. Wallon*, Richard II (Paris 1864), t. I, 148-168.

[2]) *H. Wallon*, Richard II (Paris 1864), t. II, p. 54. — *Ch. Demotier*, Annales de Calais (Calais 1856), p. 75.

la haine et indignation de la greigneure (plus grande) *partie du royaume d'Angleterre.* » [1]

Le roi Richard II, qui devait épouser quelques années plus tard la fille de Charles VI, Isabelle — alors âgée de neuf ans [2] — fit alors, en quelque sorte pour braver les Français, exécuter d'importants embellissements de Calais et des travaux d'amélioration aux fortifications de la ville. En 1393, eurent lieu à Leulinghen des conférences dans lesquelles les Français offrirent d'abandonner les comtés du Limousin, de l'Agenois, du Quercy, du Rouergue et du Périgord, à la condition que les Anglais évacueraient Calais. Un pareil équivalent, représentant toute une partie de la France méridionale, avait lieu d'étonner. Malgré cela, les ducs de Lancastre et de Gloucester déclarèrent que « Calais serait la dernière ville que la couronne d'Angleterre tiendrait ». [3] — « Calais en effet n'était point pour les Anglais une ville comme une autre, comme Bordeaux par exemple, qui était purement et simplement l'héritage des rois. C'était une ville conquise par l'épée, et le lieu où se résumait en quelque sorte, à leurs yeux, toute leur domination sur le continent. Afin de la garder plus sûrement, il n'y avait pas de trop grand sacrifice; pour retenir Calais à l'Angleterre, les Anglais, ce n'est pas trop dire, s'enchaînaient à Calais ». [4] Le duc de Gloucester, dont il vient d'être question, périt étouffé entre deux matelas par ordre de Richard II, sous prétexte d'avoir cherché à insinuer aux Anglais que le roi voulait rendre Calais à son beau-père Charles VI. [5]

Et le sentiment national français? Malgré toutes les misères d'une guerre qui, sauf quelques courtes interruptions, durait depuis près de trente ans déjà, le peuple ne voulait entendre parler de paix à aucun prix *tant que Calais ne serait pas rendu.* Les mots:

    « *Paix n'arez jà s'ilz ne rendent Calays* » [6]

forment le refrain d'une chanson de six strophes composée vers 1394 par *Eustache Deschamps,* interprète en cela de la conscience populaire indignée, chanson alors partout répandue en France et dont voici le texte original.

---

[1] *H. Wallon,* Richard II, t. II, p. 55.

[2] « Ce mariage, disaient les Anglais, n'était pour la France qu'un moyen détourné de rentrer en possession de Calais, qui valait bien toutes les filles du roi de France.» *(Aristide Guilbert,* Les villes de France, Paris 1864, t. II, p. 119.)

[3] *H. Wallon,* Richard II, Episode de la rivalité de la France et de l'Angleterre (Paris 1864), t. II, p. 75.

[4] *H. Wallon,* Richard II (Paris 1864), t. II, p. 95. Wallon fut Ministre de l'Instruction publique en France en 1875/76.

[5] *Ch. Demotier,* Annales, 78.

[6] *Poésies morales et historiques d'Eustache Deschamps* publiées par *Crapelet* (Paris 1832), p. 71, et Political poems and songs, relating to English History (Londres 1859), t. I, p. 300.

Ballade de la paix avec les Anglois.

Antre Beauraym [1]) et le parc de Hedin [2])
Au moys d'Aoust, qu'on soye les fromens,
M'en aloye jouer par un matin:
Si vi bergiers et begieres aux champs
Qui tenoient là leurs parliers moult grans,
Tant que Bochiers dist à Margot la broingue
Que l'en aloit au traittié à Bouloigne
Et que François et Anglois feront paix.
Elle respont: «Foy que doy Magueloigne
«Paix n'arez jà s'ilz ne rendent Calays.»

Lors vint avant Berthelot du Jardin
Qui respondit: «La paix suis desirans;
«Car je n'ose descouchier le matin
«Pour les Anglois qui nous sont destruisans;
«Mais dire oy, il a passé dix ans,
«Qu'a leur dessoulz quierent toudis aloingne
«Pour mettre sus leur fait et leur besoigne,
«Et puis courent le règne a grans eslays;
«Maint l'ont veu, et pour ce je tesmoigne,
«Paix n'arez jà s'ilz ne rendent Calays.»

Après parla par grant courroux Robin
A Berthelot, et lui dit: «Tu me mens,
«Car les François et les Anglois enfin
«Veulent la paix, il en est dès or temps;
«Trop a duré la guerre et li contens,
«Né je ne voy nul qui ne la ressoingne;
«Certes tout ce ne vault une escaloingne.»
Ce lui respont Henris le contrefais:
«Encore faulra chascun [presque] sa broingne;
«Paix n'arez jà s'ilz ne rendent Calays.»

«Car l'autre jour oy maistre Martin
«Qui racontoit le roy est mendre d'ans
«Et qu'il estoit une loy en latin
«Qui deffendoit rien vendre des enfans.
«En Guyenne sont deux mille et cinq cens
«Villes, chasteauls, qu'Anglois veulent qu'on doingne,
«Et grant tas d'or, et que le roi esloigne
«De roy en duc l'ommaige qui est fais.»
«Que fera ce?» respon sote Caroingne,
«Paix n'arez jà s'ilz ne rendent Calays.»

Ouichars li bruns, qui fut nez à Seclin [3])
Dist que cilz faiz est doubteux et pesans;
Voire, et qu'Englès y pensent mal engin
De retenis ce port, qui est constans.

---

[1]) *Beaurain,* beau village près de Hedin.
[2]) *Hedin,* ville forte de l'Artois.
[3]) *Seclin,* bourg près de Lille.

«Se ce ne fust, bien le fussent rendans
‹Mais ils pensent barat, guerre et alloingne
«Faire au derrain. Ne le duc le Bourgoingne
«Et de Berry ne feroient jamais
«Tel paix à eux. Qui voulra si me perdoingne
«Paix n'arez jà s'ilz ne rendent Calays.»

Envoy.

Princes, là fu Bertrisons et Hersans
Et Alizons, qui moult orent de sens;
Et jugierent, quand li parlers fut fait
Que telle paix seroit orde et meschans;
Et concluirent aux bergiers eulx disans:
«Paix n'arez jà s'ilz ne rendent Calays.»

Un peu plus tard, d'autres poèmes tout vibrants de patriotisme contre les Anglais eurent pour auteurs *Olivier Basselin*[1]) et *Alain Chartier*, secrétaire de Charles VII, récompensé de son œuvre nationale par le baiser d'une princesse écossaise, *Marguerite Stuart*[2]), future épouse de Louis XI en dépit des représentations hostiles des Anglais.

---

[1]) *Armand Gasté, Olivier Basselin et le Vau de Vire* (Paris 1876), p. 357, 104. Voici le poème de *Basselin*:

Hé! cuidez-vous que je me joue
Et que je voulsisse aller
En Engleterre demourer?
Ils ont une longue coue.

Entre vous gens de village
Qui aymez le roy Françoys,
Prenez chascun bon courage
Pour combatre les Engloys.

Prenez chascun une houe
Pour mieux les desraciner
S'il ne s'en veullent aller
Au moins faictez leur la moue.

Ne craignez point a les batre
Ces godons panchez a pois
Car ung de nous en vault quatre
Au moins en vault il bien trois.

Afin qu'on les esbaffoue
Autant qu'en pourrés trover
Faictiez au gibet menner
Et que nou les y encroue.

Par Dieu! Se je les empoingne,
Puis que j'en jure une foys,
Je leur monstreray sans hoingne
De quel pesant sont mes doigts.

Ils n'ont laissé porc ne oue
Tout autour notre cartier
Ne guerne ne guernillier
Dieu si mect mal en leur joue!

[2]) *M. Vallet de Viriville*, Histoire de Charles VII (Paris 1865) III, p. 84.

Voici le début d'une ballade d'Alain Chartier, la *«Ballade de Fougères»*, qui date de l'an 1448 et respire la haine contre les Anglais *parjures* dans l'observation des conditions de l'armistice: [1]

> Anglois, Anglois, chastiez-vous
> De l'ung promettre et l'autre faire! [2]

Calais devait continuer à jouer un rôle important pendant la guerre de Cent ans. La ville eut à subir encore un grand siège lors des combats qui terminèrent cette lutte. Les héroïques et merveilleux exploits de la «Pucelle d'Orléans» avaient fait perdre aux Anglais toutes leurs conquêtes, et il ne leur restait plus que Calais. Le duc Philippe de Bourgogne se présenta devant la place en 1436. Son père, Jean sans Peur, avait déjà manifesté en 1406 l'intention d'attaquer Calais, mais il avait dû renoncer à son dessein faute d'argent. Le duc Philippe était soutenu alors par les subsides des riches cités flamandes. Le danger réveilla l'énergie des Anglais; leurs dissensions intestines leur avaient fait perdre Paris, mais il s'agissait de conserver Calais coûte que coûte.

«Le roi Henri VI, ceux de son conseil et tous les trois Etats d'Angleterre eussent laissé perdre toutes les conquêtes qu'ils avaient faites depuis trente ans en France, plutôt que la ville de Calais.» [3] «L'Angleterre trouva pour la défendre des ressources inespérées.» [4] Déjà les petites places fortes environnantes, Oye, Marck, Sangatte, avaient été enlevées, mais la flotte hollandaise et zélandaise ne réussit pas à investir Calais du côté de la mer. Les Flamands, désespérant du succès de l'entreprise, ne tardèrent pas à retourner promptement dans leurs foyers. Les Anglais les y suivirent et procédèrent à un pillage en règle de la Flandre orientale et de l'Artois; par un calcul d'un raffinement cruel, ils ramenèrent avec eux plus de 5000 petits enfants, afin d'extorquer à leurs malheureux parents une riche rançon.

Deux ans plus tard (1438) le duc de Bourgogne renouvela sa tentative pour reprendre Calais, il espérait qu'en rompant les digues, il pourrait inonder la ville et contraindre les Anglais à l'abandonner.

---

[1] Extrait de la Revue *«Chanteclair»*; voir également sur cette littérature vraiment patriotique *Ch. Petit-Dutaillis* dans *E. Lavisse*, ouvrage déjà cité IV, 2, p. 206, 209, 213, etc.

[2] On trouvera à la fin de la brochure le texte complet de la ballade. Quelques historiens ont même prétendu de nos jours que cette qualification «d'Anglais» n'était qu'une injure donnée par les partisans du régent (le futur Charles V) aux Navarrais pour les rendre odieux au peuple. C'est l'avis de *Siméon Luce, La France pendant la guerre de cent ans* (Paris 1890), I, p. 43.

[3] *Henri Martin*, Histoire de France (Paris 1855) VI, p. 357.

[4] *A. Vallet de Viriville*, Histoire de Charles VII (Paris 1863) II, p. 375.

Mais les fortifications de Calais du côté de la terre furent remises en meilleur état de défense et étendues (1440); les premières grandes digues du port furent élevées (1444).

En 1451, le roi Charles VII put faire frapper une médaille commémorative de la délivrance de la France du joug des Anglais, mais il lui fut impossible d'y éviter l'aveu que Calais était encore aux mains de l'étranger.[1]

Quand on demanda au roi cette année-là si la guerre cesserait jamais, il aurait répondu, dit-on: «*Cela dépend des Anglais, qui occupent injustement ce qui m'appartient. Au plaisir de Dieu, j'entends le leur reprendre.*[2]

Le roi Louis XI, espérant pouvoir de cette façon rentrer pour toujours en possession de Calais, avait avancé à sa cousine, Marguerite d'Anjou, reine d'Angleterre, une somme de 200,000 livres par le traité de Chinon (1462) et mis à sa disposition une petite armée pour lui permettre de faire valoir ses droits contre la maison d'York dans la guerre civile des deux Roses, à la condition toutefois que la ville et la citadelle de Calais lui seraient remises en gage par le roi son époux. Ce plan échoua.

Pendant quelques années, *Warwick, le faiseur de rois,* établit à Calais sa résidence par opposition à la maison royale anglaise de Lancastre. Ses fonctions de gouverneur de la ville lui procuraient d'immenses revenus. Il fut le premier à revendiquer pour le pavillon anglais le salut des autres marines, comme si la mer baignant la côte de France n'eût été qu'un domaine de l'Angleterre.[3]

La haine mortelle des Français contre les Anglais se manifesta en 1470, à la nouvelle que le roi Louis XI formait le projet de déclarer la guerre à ces derniers. *Philippe de Crèvecœur,* devenu dans la suite maréchal d'Esquerdes, s'écria alors: «Je consentirai volontiers à passer deux ans aux enfers pour avoir le plaisir de chasser les Anglais de Calais.»[4]

Par une ironie singulière, quand Edouard IV débarqua avec une armée à Calais le 5 juillet 1475, il somma le roi Louis XI: «de lui rendre son royaume de France afin qu'il pût remettre l'Eglise, les nobles et le peuple en leur liberté ancienne et les ôter des grandes

---

[1] Voici l'inscription gravée sur la médaille:

> qVant le fVt sans dIfferenCe
> aV prVdent roI aMi de dIeV,
> on obéIssoIt partoVt en franCe,
> fors à CaLaIs qVi est fort LIeV.

[2] *Petit-Dutaillis* (*Lavisse,* ouvrage cité IV, 2, p. 113).
[3] *Charles Demotier,* Annales de Calais (Calais 1856), p. 95.
[4] *Charles Demotier,* Annales de Calais (Calais 1856), p. 101.

charges et travaux où les tenait « le Sérénissime *prince Loys de France.*» [1])
L'historien *Henri Martin* (ouvrage cité VII, 225) reproche à Charles VIII, fils et successeur de Louis XI, sa «*passion d'aventures lointaines et de romanesques entreprises*», son expédition en Italie. «Il eût pu, grâce à la réunion de la Bretagne, donner à la France une grande marine, et diriger les forces nationales vers la *conquête de Calais.*»

L'idée déjà ancienne de recouvrer pacifiquement Calais au moyen de négociations fut reprise par François Ier de 1516 à 1518, mais sans plus de succès que ses prédécesseurs. «Calais est une de ces positions qui se reprennent et ne s'achètent pas; l'Angleterre tout entière se fût soulevée contre la pensée d'abandonner ce dernier reste de ses conquêtes.» [2])

Néanmoins, Calais, comme souvent déjà depuis sa conquête par les Anglais, fut de nouveau pendant les longs règnes de François Ier et d'Henri VIII le théâtre de solennelles entrevues des monarques des deux royaumes rivaux (1520 et 1532). Le faste déployé à cette occasion n'eut d'égal que l'inévitable antagonisme caché sous ces bruyantes démonstrations d'amitié. [3])

Dès 1540, une guerre éclatait entre les deux rois.

Edouard VI, fils d'Henri VIII et son successeur, d'ailleurs pour peu de temps, fit renforcer les fortifications déjà sauvées du délabrement par son père et augmenter les réserves de munitions en prévision d'attaques éventuelles. Celles-ci se produisirent en effet lors de la guerre entre Philippe II d'Espagne, époux de Marie d'Angleterre, et le roi de France Henri II.

Le plan d'un coup de main contre la ville, bien fortifiée et considérée comme presque imprenable à cause de ses vastes marais, aurait été inspiré par l'amiral Gaspard de Coligny. Il fut mis à exécution avec une précision presque mathématique, en 1557/58, par le duc *François de Guise,* élevé par le roi de France à la dignité de lieutenant-général du royaume, et placé à la tête d'une armée de 50,000 hommes. Le 4 janvier 1558, la citadelle capitulait, et le 6, la ville de Calais elle-même, «*cette ville si française*», [4]) tombait au pouvoir du duc. Deux jours plus tard, Guines, la dernière place des

---

[1]) *Henri Martin,* Histoire de France, VII, p. 98.

[2]) *Charles Demotier,* Annales de Calais (Calais 1856), p. 107.

[3]) Dans son «Histoire de Charles V» (Paris 1909), I, 394, *R. Delachenal* s'exprime comme il suit au sujet de ces entrevues royales: «Que valaient, au fond, ces témoignages publics d'amitié? En France, beaucoup de gens se montrèrent incrédules ou méfiants.»

[4]) Expression d'*Henry Lemonnier* dans *Lavisse,* Histoire de France aris 1904), V², p. 172.

Anglais en France, subissait le même sort, et l'occupation du sol
français par ses ennemis séculaires prenait définitivement fin.

«Calais avait été durant deux siècles un frein qui bridait la France,
une aire de vautour d'où l'Anglais s'élançait à volonté sur nos pro-
vinces du Nord, un formidable point d'appui et de diversion en
faveur de quiconque attaquait notre frontière. L'arme la plus dan-
gereuse de nos vieux ennemis leur était enfin arrachée.» [1]

L'historien des ducs de Guise, *H. Forneron*, s'exprime ainsi au
sujet du rôle de Calais pendant l'occupation anglaise, *qui avait duré
211 ans:* «Mutilation pour notre territoire, menace constante d'un
débarquement, cette possession anglaise était pour nous une humiliation et un danger.» [2]

Guise était devenu d'un coup le héros populaire de la France,
et lui-même s'étonnait tout le premier de l'incroyable rapidité de son
succès. Là où Edouard III, avec son terrible auxiliaire, la faim, avait
mis onze mois à triompher, François de Guise, en plein hiver, terminait tout en une semaine à peine. Les conditions de la capitulation
imposée par Guise stipulaient que «les habitants se porroient retirer
où bon leur sembleroit, en France, en Angleterre ou en Flandre,
sauf cinquante, tels qu'il plairoit au duc de retenir, le gouverneur y
compris.» [3] La garnison devait se retirer en Angleterre. Ces conditions furent strictement observées, et autrement que ne l'avaient été
celles stipulées par les Anglais lors de la conquête. La plupart des
habitants trouvèrent un refuge en Angleterre.

---

[1] *Henri Martin*, Histoire de France (Paris 1870), t. VIII, p. 462.
[2] *Les ducs de Guise* (Paris 1877), I, p. 220.
[3] *Charles Demotier*, Annales de Calais, p. 122.

III. LA POLITIQUE ANGLAISE
APRÈS LA REPRISE DE CALAIS PAR LE DUC FRANÇOIS DE GUISE (1558).

«Le plus beau fleuron de la couronne d'Angleterre est perdu!» Ainsi se lamentait la reine Marie Tudor. En négligeant les pressants avertissements de son époux espagnol et en dédaignant ses offres de secours, elle avait elle-même assumé la faute de cette perte imprévue. Ses continuels embarras d'argent avaient fait le reste. Le chagrin qui la minait hâta sa fin. On prétend que sur son lit de mort elle prononça ces paroles: «Si l'on ouvre mon cœur après ma mort, on y trouvera écrit le nom de Calais.»

Elle mourut le 17 novembre 1558.

Lors des négociations de paix avec Henri II, elle avait insisté sur la restitution de Calais, en menaçant de mort son ambassadeur s'il cédait sur ce point capital. Mais le roi de France n'ayant consenti à aucun prix à rendre Calais, la sœur de Marie Tudor, Elisabeth, qui lui succéda, dut renoncer à maintenir cette condition sous une forme quelconque, afin de conclure la paix. La forme adoptée pour cette renonciation était caractéristique pour les vues de la politique anglaise. Dans le traité de Cateau-Cambrésis (1559), Calais était abandonné au roi de France pour huit années seulement, au cas où il ne serait ni disposé ni en état de payer une somme de 500,000 écus, auquel cas la fière conquête du duc de Guise retournerait à ses maîtres étrangers. Mais l'Anglaise s'était promis de rentrer encore plus tôt si possible en possession de la ville. La violence de la lutte entre les huguenots et les Guises en France sembla lui fournir une occasion favorable. Les Guises, sûrs de trouver une alliée sur le continent anglais dans la personne de la rivale d'Elisabeth, Marie Stuart, avaient su mettre en leur pouvoir le jeune roi Charles IX et sa mère Catherine de Médicis. Les chefs des huguenots, le prince Louis Ier de Condé et l'amiral Gaspard de Coligny, s'adressèrent alors à Elisabeth pour lui demander de venir au secours de la religion réformée. Par le traité d'Hampton-Court (20 septembre 1562), elle promit de donner 140 000 couronnes et de fournir un secours de 6000 hommes de troupes à la condition que Condé lui livrerait le Havre. Le Havre était un gage qu'elle rendrait à Condé dès qu'il lui remettrait Calais en échange, sans attendre le terme fixé par le traité de Cateau-Cambrésis.

Ces stipulations ne laissèrent pas que de causer une amère désillusion et un grand embarras aux sentiments patriotiques des huguenots. Coligny et Condé s'étaient imaginés que l'Angleterre et l'Allemagne les assisteraient pour l'amour du Christ. «Mais si les lansquenets et les reîtres se contentaient d'une solde, Elisabeth fournissait des hommes et de l'argent, non, comme le disait son manifeste, pour la conservation du sang des chrétiens, mais *pour le plus grand profit de l'Angleterre.*» [1]

«Elisabeth, dit *Henri Martin* (Histoire de France, t. IX, p. 140) n'entendait nullement aider ses «frères de France» pour l'amour désintéressé de l'Evangile; elle saisissait au contraire avec joie l'occasion, prévue et préparée, de mettre à profit les malheurs de la France.»

Condé fut donc obligé de remettre le Havre à la reine d'Angleterre. Mais battu à Dreux de 19 décembre, il conclut la paix d'Amboise avec la cour et le parti des Guises sans insister sur la restitution de Calais à ses anciens occupants. Elisabeth voulut alors conserver son gage à tout prix; elle chercha à augmenter la garnison de la place et à en renforcer l'artillerie. «Ce n'était ni pour le motif de la région, ni en considération d'aucune personne, ni pour aider le roi, ni pour autre chose qu'elle avait pris et qu'elle gardait le Havre de cette sorte, mais bien pour se venger de ce royaume, des injures et des torts qu'on lui avait faits, et cela depuis la prise de Calais et pour s'indemniser *dudit Calais qui était son droit.*» [2]

Le Havre succomba néanmoins le 30 juillet 1563.

L'Angleterre tenta en désespoir de cause de rentrer en possession de Calais grâce à la trahison, mais cette tentative échoua. Le gouverneur, le capitaine Gourdan, avait reçu d'Elisabeth l'offre de 100 000 angelots d'or pour livrer la place aux Anglais; mais le brave officier répondit *«qu'il aimait mieux son honneur que tous les trésors d'Angleterre.»* [3] En 1564, Elisabeth dut renoncer pour toujours à Calais par le traité de Troyes.

Calais récupéra son droit de cité seulement vingt années plus tard par ordonnance royale du 22 mars 1583, conforme au droit coutumier parisien, mais avec la mention spéciale de sa qualité de ville reconquise: *«Coutumes de la ville de Calais et pays reconquis.»* [4]

Elisabeth reconnaissait implicitement à la France la possession définitive de Calais moyennant le payement de 120 000 couronnes, ne se contentant de cette somme qu'à titre *«d'honnesteté et de courtoisie»*. Ses lenteurs et son égoïsme avaient altéré les relations des

---

[1] *Mariéjol* dans *Lavisse*, Histoire de France (Paris 1904) VI[1], p. 68.

[2] *Mariéjol* dans *Lavisse*, Histoire de France (Paris 1904) VI[1], p. 77.

[3] *Charles Demotier*, Annales de Calais, 137.

[4] *A. Bourdot de Richebourg, Nouveau Coutumier général* (Paris 1724), t. I, p. 1.

deux pays. On savait désormais de quel prix il faudrait payer l'alliance anglaise. Le Gouvernement français se trouva rejeté du côté des Puissances catholiques.» [1]) Pour reconquérir Calais, la «reine vierge» d'Angleterre fût peut-être devenue accessible à l'idée d'un mariage, telle que *lord Burghley (Cecil)* la suggéra ouvertement en 1572 à Catherine de Médicis, en lui proposant l'union du duc d'Alençon, son plus jeune fils, avec la reine Elisabeth. Calais devait être l'apport du futur! Cette seule perspective suffit à faire échouer immédiatement le projet.

Vingt-quatre ans plus tard (1596) la reine espéra encore une fois arriver à son but par une autre voie. Henri IV était menacé par les Espagnols, qui s'étaient déjà emparés de Calais, mais luttaient toujours pour la possession de la citadelle, énergiquement défendue. Dans sa détresse, le roi de France s'adressa à la reine Elisabeth, alors son alliée, et la plus ardente ennemie de l'Espagne. Elisabeth, par l'intermédiaire de lord Sidney, se déclara prête à venir au secours de Calais, «pourvu que le roi consentît à engager cette ville à la couronne d'Angleterre jusqu'au paiement des sommes prêtées au roi depuis tant d'années.» [2]) Henri IV, indigné de cette tentative perfide[3]) pour exploiter son embarras, rompit les négociations. Il préférait, dit-il, céder Calais aux Espagnols par une paix plutôt que de le livrer aux Anglais, «*entre les mains desquels la place deviendrait un sujet perpétuel de guerre.*» [4])

Henri IV savait en effet, avec chaque Français, *qu'une fois rentrés en possession de Calais sous un prétexte quelconque, jamais les Anglais n'en sortiraient plus de leur plein gré.* [5])

Les Espagnols réussirent bien à s'emparer de la citadelle, vaillamment défendue par les Français, mais ils évacuèrent la ville, qui fut rendue à la France par le traité de Vervins (1598).

Une Elisabeth d'Angleterre, avec toute sa fermeté, avec son habileté à utiliser pour ses buts politiques la ténacité propre au peuple qu'elle gouvernait, n'étant pas parvenue à rentrer en possession de

---

[1]) *Mariéjol-Lavisse,* VI[1], 78.

[2]) *Demotier,* Annales de Calais, 153.

[3]) «Nous savons, dit Elisabeth dans une de ses lettres (*Henri Martin,* Histoire de France, t. X, p. 394), que Calais est le plus proche désir de l'Espagnol, comme une place plus propre pour interrompre notre pouvoir *au détroit de la mer où nous ne pouvons endurer de compagnon.*»

[4]) *De Keralio,* Histoire d'Elisabeth, reine d'Angleterre (Paris 1787), t. IV, p. 529.

[5]) Plus récemment de nos jours, un prétexte analogue a servi aux Anglais à s'introduire en Egypte et à en prendre définitivement possession tout en proclamant l'occupation provisoire.

Calais, tout espoir était en quelque sorte perdu pour ses successeurs.
Des tentatives furent faites encore avec l'aide du marquis de Bon-
nivet en 1615, et en 1628 avec la complicité du fils du lieutenant-
major et capitaine de portes de la ville, Du Parcq, qui devait être
appuyé par une flotte anglaise de 130 vaisseaux; toutes ces tentatives échouèrent.

Pourtant, les Anglais devaient une fois encore réussir à prendre
pied sur le sol français. Ce triomphe si ardemment recherché par
la politique britannique était réservé au plus habile de tous les gou-
vernants dont l'histoire du Royaume insulaire fasse mention: à *Olivier
Cromwell, lord Protecteur de la République d'Angleterre, d'Ecosse et
d'Irlande.*[1]) Pendant la guerre de la France contre l'Espagne, le
cardinal Mazarin, à la recherche d'une alliance, conclut au mois de
mars 1657 avec celui qui dans ce document officiel se proclame
« lord Protecteur de la République d'Angleterre » un traité d'alliance
qui sacrifiait Dunkerque et Mardik. Mazarin, Italien d'origine, accom-
plissait par là un acte auquel un vrai Français, tel que son prédé-
cesseur Richelieu, n'eût jamais consenti. «Ainsi Mazarin ne s'inquiétait point de donner aux Anglais un autre Calais. Pourtant on se
souvenait en France comme d'une injure de la longue occupation
de Calais par une garnison anglaise. Henri IV avait mieux aimé
laisser prendre cette ville par les Espagnols que de permettre aux
Anglais d'y rentrer. Probablement Richelieu n'aurait jamais consenti
à ramener les Anglais sur nos côtes, étant Français de vieille roche. »[2])

Mardik fut enlevé aux Espagnols, au mois d'octobre 1657, et
Dunkerque au mois de juin 1658, avec le secours des Anglais aux-
quels ces places furent remises. Le premier acte important de Louis
XIV devenu monarque absolu consista à réparer l'humiliation d'une
concession qui rappelait par trop le sort de Calais. En 1662, il racheta
les deux places en question au roi Charles II. Quant à Calais, la
ville reçut encore une fois la visite de ses anciens possesseurs pendant
la guerre dite de Succession du Palatinat, et eut à subir trois bom-
bardements dans la lutte de la France contre la grande « alliance
viennoise ». Les 27 septembre 1694, 27 août 1695 et 13 avril 1696
sont les dates mémorables où la jolie cité calaisienne éprouva les
fureurs, chaque fois plus violentes, de ses soupirants rebutés.

Survint ensuite la période durant laquelle la politique française
passa de son côté à l'idée toujours renaissante d'un débarquement
en Angleterre, que Napoléon tenta de réaliser sans y parvenir. D'après
un rapport du Ministre Mitchell, l'allié le plus important de l'An-

---

[1]) *Guizot*, Histoire de la République d'Angleterre et de Cromwell
(Paris 1864), t. II, p. 597.

[2]) *Ernest Lavisse*, Histoire de France, VII¹, p. 67.

gleterre au dix-huitième siècle, le roi Frédéric le Grand aurait conseillé aux Anglais un débarquement en France, et peut-être même
l'occupation de Calais ou d'un autre point de la côte française. [1]
C'était en 1758, donc pendant la guerre de Sept ans, qui fournit
indirectement aux Français une occasion de faire revivre tout au
moins dans leur littérature, le souvenir de Calais. Les événements
de la guerre et la paix qui la termina n'ayant procuré sous Louis
XV aucune gloire aux armes françaises, et le sentiment national en
éprouvant un mécontentement marqué, la ville de Calais, jamais complètement à l'abri des convoitises anglaises, devait fournir une riche
matière grâce à l'héroïque défense de ses citoyens contre la menace
du joug anglais. La scène française s'en empara [2], et une tragédie
de Pierre Laurent Belloi, *Le Siège de Calais* (1765), fit tressaillir
la France d'un bout à l'autre sous le souffle d'une patriotique émotion.
Calais devient le mot d'ordre du véritable civisme, le synonyme
d'héroïsme national, l'incarnation de la haine de l'ennemi héréditaire, dont le ciseau d'*Auguste Rodin* a immortalisé le souvenir dans
le célèbre groupe en marbre qui figure sur la place du Marché à
Calais. Jusqu'aux sombres journées de la période révolutionnaire du
moins, on se plaisait à redire ce passage mis dans la bouche d'Eustache de St-Pierre par l'auteur du drame en question:

> «Je vois ce noble éclat, étendu sur la France,
> Des siècles reculés franchir l'espace immense;
> Et Calais recevant de vingt Peuples jaloux
> Un hommage immortel qu'il ne devra qu'à nous.»

---

[1] *Correspondance politique de Frédéric le Grand,* VI (1888), p. 230.

[2] Ce sujet avait été déjà traité quelque vingt années auparavant lors
de la guerre de la Succession d'Autriche (1740—1748), qui pour l'Angleterre fut surtout une guerre contre la France. Un spirituel auteur parisien,
Claudine Alexandrine de Tencin (mort en 1749), avait alors écrit un roman
ayant pour titre: *Le siège de Calais* dont le succès fut immense.

IV. Ballade d'Olivier Basselin[1])

Le roy Engloys se faisoit appeler
Le roy de France par s'appellation;
Il a voulu hors du pays mener
Les bons François hors de leur nation.
Or est-il mort à Sainct-Fiacre en Brye
Du pays de France ils sont tous deboutez:
Il n'est plus mot de ces Engloys couez
Mauldicte en soit trestoute la lignye.
Ils ont chargé l'artellerie sur mer,
Force biscuit et chascun ung bidon,
Ils ont voulu iusqu'en Biscaye aller
Pour couronner leur petit roy godon.
Mais leur effort n'est rien que moquerie.
Cap'taine Pregent les a si bien frottez
Qu'ils sont en terre et en mere enfondrés
Mauldicte en soit trestoute la lignye!

---

[1]) *Olivier Basselin et le Vau de Vire* par *Armand Gasté* (Paris 1887). Chansons historiques, II, p. 104.

V. La Balade de Fougieres que les Anglois
anciens ennemys de France prindrent pendant et durant
les treues comme pariures. [1]

1.

Anglois, anglois, chastiez vous
De lung promettre et lautre faire
Qui les treues [2] avez comme foulz
Rompuz pour Fougières forfaire,
Mais david pria dieu deffaire
Ceulx qui veulent guerre et non paix:
Lon doit juger selon les faictz.

2.

Il nest point de plus juste loy
Que quant aucuns se dieu me gard
Qui ont use de male foy
Sont punis par leur mauvais art
Vous avez gecte ung hasart
Dont vostre bouche est deperie:
Aux trompeurs vient la tromperie.

3.

Mieulx vous fust avoir attendu
Que la treue eust este passee
Que fougières cueïlly tendu
Avoir vostre foy cassée
Pour richesse avoir amassee
Dont doit reproche sur vous maint:
Qui trop embrasse peu estraint.

4.

Quant ceulx partirent de rouen
Que nuoyastes à lentreprinse
Vous ne cuydiez pas mesouen
En souffrir ne marque ne prise

---

[1] *Œuvres de feu maistre ALAIN CHARTIER, en son vivant secrétaire du feu roy Charles septiesme du nom. Paris 1529.* fol. 337—339. Dans la ballade de Fougères, le 7e et dernier vers de chaque strophe est un proverbe ou une sentence.

[2] Trêves.

Et puis les avez par faintise
Desadvouez tout en appert :
Mal se musse a qui le cul pert.

5.

Lautre gens que vous fait lavoient
Chascun sen devroit esbahir,
Mais ceulx qui coustumiers vous voyent
Dessayer a chascun trahyr
Sont provocquez a vous hayr
Et prier dieu qu'il vous punisse :
Sapience si vaine malice.

6.

Les françois nautres leurs voysins
Ne fant point telles mirlificques
Ne font mesmes les sarrazins
Contre leurs sermens auctentiques
Et pource les gens heretiques
Reduitz si portent deux fanons :
Traistres et faulx sont mauvais noms.

7.

A dieu et aux gens detestable
Est menterie et trahison
Pource nest point mis a la table
Des preux limage de Jason
Que pour emporter la toison
De Colcos se veult parjurer :
Larrecin ne se peult celer.

8.

On dit souvent que trop grant aise
Si est trop fort a endurer
Et pour avant que je me taise
Vueil contre vous murmurer
Tousiours vous voulez forvoyer
Faisant ce quoncques preux ne fist :
Tant grate chieure que mal gist.

9.

Quant la treue a vostre requeste
Fut octroyee et confermee

Vous en faisiez de paix la feste
Pour cuyder rompre vostre armée
Vous eustes tresmalle pensée
Fougieres avez prinse en tourne :
Il nest chance qui ne retourne.

10.

En rompant la commune treue
Sur vostre fiance et enseigne
Larragonnois a prins la feue
Au chastel du duc de Bretaigne .
Floquet la requeult et regaigne
Comme son servant et amy :
En contre ung faulx ung et demi.

11.

Tant comme les cartagiens
Eurent sur Rommains avantage
Contre le conseil et les siens
Du vieulx Hamon conseiller sage,
Ilz reffuserent par oultrage
Paix quilz peurent recouvrer :
Quant temps en est on doit ouvrer.

12.

Charles nostre bon roy françoys
Na point fait faire telz assaulx
Non a pas son nepveu François
De Bretaigne ne ses vassaulx
Fors jusques a tant que voz maulx
Chastie a avec ses gens :
Bon chien se deffend de ses dens.

13.

Trop plus vous nuyt le pont de larche
Que ne vous peult ayder Fougieres
Car il est pres de vostre marche
De Rouen : et sur les rivieres
Et si est pres de noz frontieres
Qui ess ung point qui vous deçoit :
Fol ne croit tant qu'il reçoit.

14.

Vous lassiegeriez voulentiers
Et si alumissiez vos cierges
Si neussiez pour quen dementiers
Aucuns vous chantassent des vierges
Ou que len vous donnast des verges.
Comme agens maulditz et hayz :
Traistres doivent estre trahyz.

15.

Jamais homme sage ne simple
Point ne doivent passer ung contract
S'il ne veult estre dune guimple
Affuble par vostre barat,
Qui sen cuyde yssir sans debat
Pour certain il est bien jenin :
En la queue gist le venin.

16.

Dautres gens que vous sont en gloire
Pour leurs vertus dung temps allez
Comme il appert en maint hystoire
Qui depuis sont fort ravallez
Vous doncques qui ainsi allez
Contre vertus gardez se heurt :
Tel cuyde vivre qui se meurt.

17.

Agameuon le capitaine
De grecz : qui prindrent la grant troye
Quant il revint à son demaine
De grace comme droit loctroye
Neut pas a sa femme la joye
Dune nuyt sans estre tue :
Grant orgueil est tantost mue.

18.

Quant Hanibal roy de Cartage
Eut subjugue moult de rommains
Fortune qui est variable
Le remena de plus au moins

Dung cousteau portant à ses mains
Pour tant se tua par sa couppe:
Meutre requiert dautel pain souppe.

19.

Pensez vous que dieu tousiours seuffre
Voz iniquitez et injures
Sans vous punir quant le cas seuffre
Comme ces autres creatures?
Pas n'avez les testes plus dures
Que les bretons la mercy dieu:
Vieilles debtes viennent en lieu.

20.

Si vous conseille de bonne heure
De normandie de partir
Et sans plus y faire demeure
De voz meffaiz vous repentir.
Car jose dire sans mentir
Que dieu hait toute iniquite
A la par fin vaint vérite.

21.

De cartage en ayez memoire
Et de Troys la punition
Que leur oultrage et veine gloire
Fit tourner a destruction.
De France en paix la nation
Laissez sans plus nous y bouter
La fin de guerre est a doubter!

VI.

«Savoir faisons que comme nous considerons le bon et loyal portement de nos bien amez les bonnes gens bourgeois et habitans de la ville de Calais, qui, pour la grant et loyal amour qu'il ont à nous et a la couronne de France, se sont tenuz tant come il ont peu contre le roi d'Angleterre et nos autres ennemiz, qui les ont prins et leurs biens meubles et heritages gastez et destrainz, et bouté hors de leur pais, et que, ne voulans yceulz demourer deshéritez et mandians, aions ordené....»

Emile Molinier, Le Cabinet historique, XXIV (Paris 1878), p. 277.

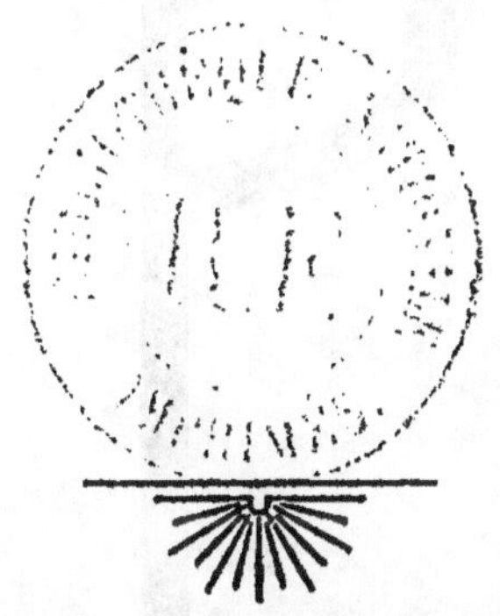

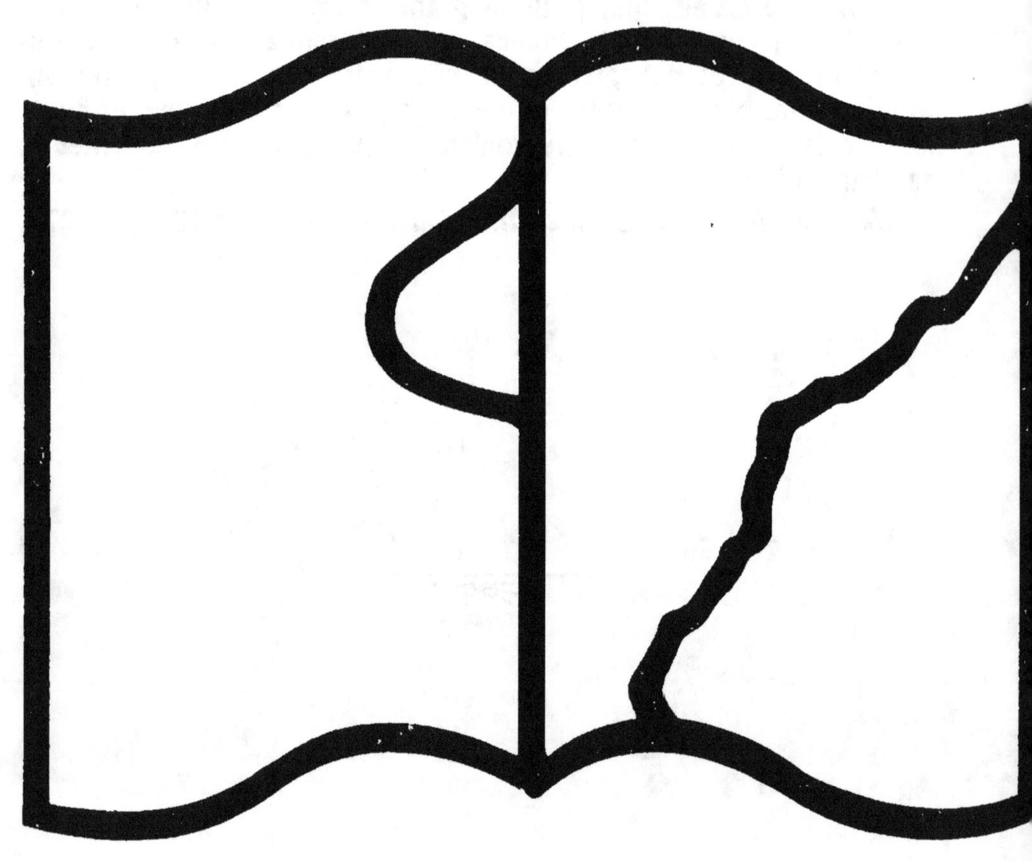

Texte détérioré — reliure défectueuse

NF Z 43-120-11

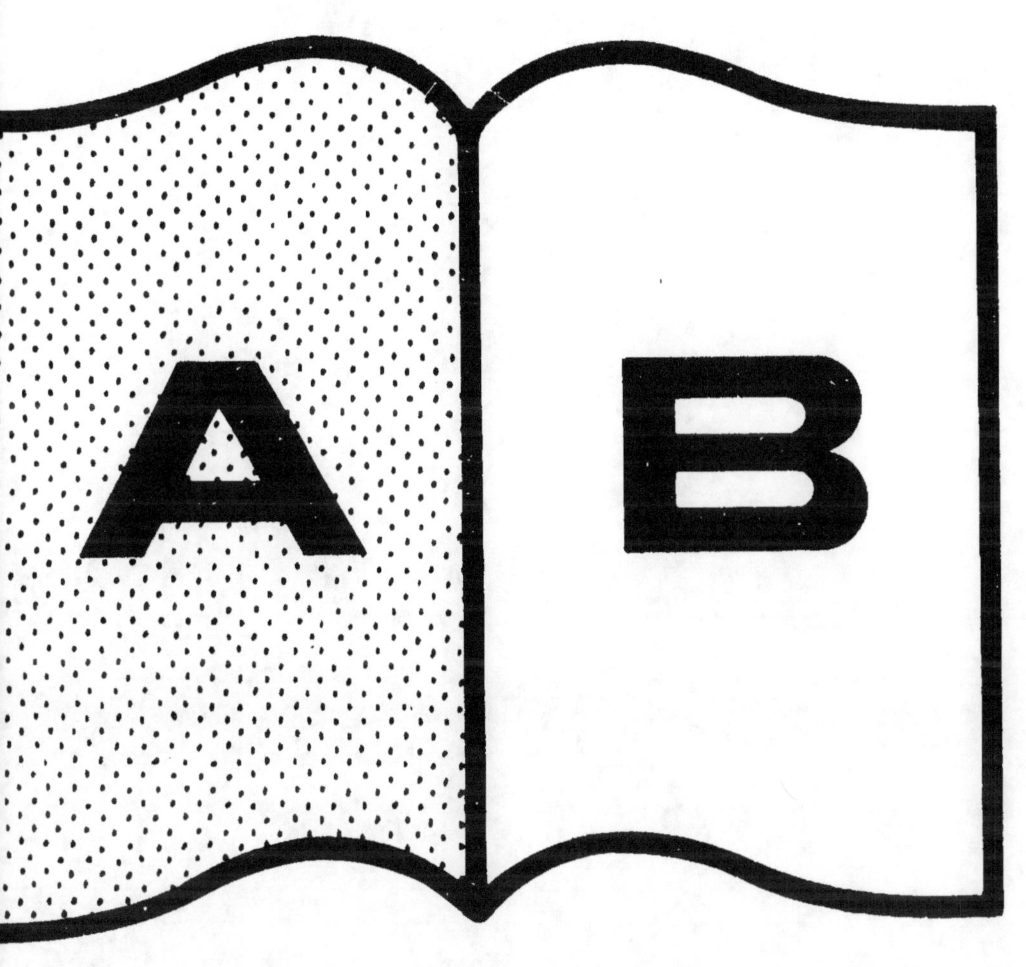

Contraste insuffisant

NF Z 43-120-14

www.ingramcontent.com/pod-product-compliance
Lightning Source LLC
Chambersburg PA
CBHW061723060726
47597CB00006B/2534